Der Winter des Eichhörnchens

Für Julian und Kathrin

Werner Holzwarth
Mehrdad Zaeri

Der Winter des Eichhörnchens

Schon als Baby wusste das Eichhörnchen,
dass man im Herbst Nüsse sammeln muss,
um im Winter etwas zu fressen zu haben.

Also sammelte es über tausend Nüsse, vergrub sie und fraß sie im Laufe des Winters auf.
Das war prima.

Im Jahr darauf vergrub es ähnlich viele.
Einige davon fand es nicht mehr.
Aber das war nicht schlimm.

Im nächsten Winter blieben noch mehr Nüsse
in der Erde zurück. Denn je älter das Eichhörnchen wurde,
desto vergesslicher wurde es.

Letztes Jahr musste es sich schon sehr anstrengen, um satt zu werden.
Da wurde es furchtbar sauer und schimpfte auf die blöden Nüsse,
die nicht da waren, wo sie sein sollten.

Und dieses Jahr?

Dieses Jahr schlich das alt gewordene Eichhörnchen müde über den Schnee, suchte und suchte. Und wusste manchmal gar nicht mehr, wonach.

»Findet wohl seine Nüsse nicht mehr«, spottete ein kleiner Haselnussstrauch.

»Sei froh«, antwortete ihm der große Baum.
»Wenn es alle fressen würde, die es vergraben hat,
würde es uns nicht geben.«

Von nun an freute sich das Eichhörnchen über jede Nuss, die es wiederfand. Und über jede, die es vergeblich suchte.

© Christina Laube

Mein genauer Name ist Mehrdad Zaeri-Esfahani. Ich kam im August 1970 in Isfahan/Iran auf die Welt. Als Kind bestand meine Welt aus der Leidenschaft für Spiele und den Ängsten vor dem Leben. Die Ängste habe ich inzwischen gut überwunden. Die Spielfreude ist geblieben. Der sanften Melancholie bot ich den frei gewordenen Platz an. Sie nahm die Einladung an und zog ein. Mit vierzehn wanderte ich mit meinen Eltern, meinen beiden Schwestern und meinem Bruder über die Türkei nach Deutschland aus. Der Beginn des deutschen Lebens war schwer. Später wurde es schön. Als ich 1992 die Schule beendete, beschloss ich, Künstler zu werden. In den ersten Jahren war es schwer.
Heute lebe und arbeite ich mit meiner Frau Christina in Mannheim, mache meine Kunst und mag dieses Leben, das immer eine Überraschung in der Tasche hat.

Ich bin Werner Holzwarth.
Alles begann mit einem inzwischen 33 Jahre alten Maulwurf, den ich mir für meinen Sohn Julian einfallen ließ: den Maulwurf, der wissen wollte, wer ihm auf den Kopf gemacht hat.
Ich arbeitete damals in der Werbung und dachte nicht daran, einmal Autor zu werden. Doch die Verlage sahen das anders und langsam bekam ich Spaß an dieser wunderbaren Arbeit.
So entstanden bis heute viele weitere Kinderbücher. Wobei Kinderbücher nicht ganz richtig ist, denn ich schreibe die Bücher nicht nur für Kinder, sondern auch für mich selbst. Sind sie deshalb anspruchsvoller als andere, wie ein Kritiker schrieb? Vielleicht. Eins kann ich jedoch mit Bestimmtheit sagen: Ich nehme Kinder ernst. Und man sollte sie niemals unterschätzen.

© privat

1. Auflage 2022
Copyright © 2022 Gerstenberg Verlag, Hildesheim
Text: Werner Holzwarth
Illustrationen: Mehrdad Zaeri
Vermittlung: Agentur Susanne Koppe, www.auserlesen-ausgezeichnet.de
Druck und Bindung: TBB a. s., Banská Bystrica
Printed in the Slovak Republic
www.gerstenberg-verlag.de
ISBN 978-3-8369-6169-1